Prenez garde !

UN MOT

D'UN AMI DE L'ORDRE AU PRÉSIDENT DU CONSEIL DES MINISTRES,

ET A SES CONCITOYENS.

PARIS,

CHEZ TOUS LES MARCHANDS DE NOUVEAUTÉS.

—

1842

PRENEZ GARDE!

UN MOT

D'UN AMI DE L'ORDRE AU PRÉSIDENT DU CONSEIL DES MINISTRES.

ET A SES CONCITOYENS.

PARIS. — IMPRIMERIE DE SCHNEIDER ET LANGRAND,
1, rue d'Erfurth.

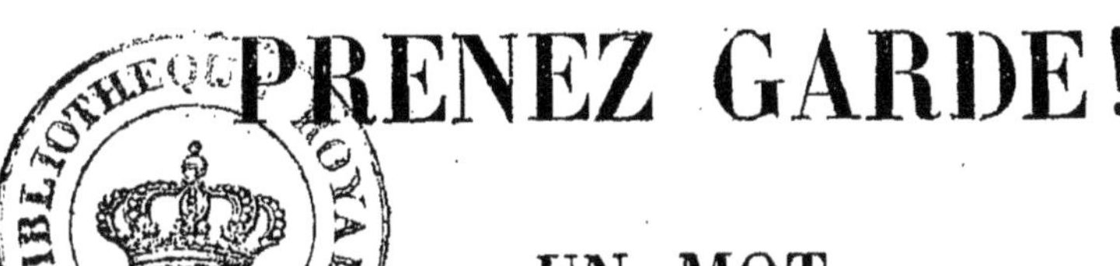

PRENEZ GARDE!

UN MOT

D'UN AMI DE L'ORDRE AU PRÉSIDENT DU CONSEIL DES MINISTRES,

ET A SES CONCITOYENS.

Monsieur le Ministre,

Aujourd'hui que la société est en péril, que tout le monde le voit et qu'on le répète partout et sur tous les tons, je viens, non comme cela est si commun de nos jours, faire insolemment la leçon au pouvoir, mais, prenant au sérieux l'appel à tous les bons citoyens contenu dans le discours de la couronne, offrir mon faible concours à Votre Excellence, en lui présentant quelques vérités et quelques considérations que je crois utiles. Je serai aussi bref que la matière le permet. Je serai vrai, mais respectueux, parce que toute puissance établie doit être respectée. Comme il me paraît utile d'adresser en même temps à mes concitoyens quelques conseils et quelques exhortations, je crois devoir publier cette lettre que je prie Votre Excellence de lire attentivement.

Un historien inspiré nous a tracé ainsi le tableau d'une portion de la société de son temps : « Tous les jours ils persévéraient d'un commun accord dans le temple, et, rompant le pain de maison en maison, ils prenaient leurs repas avec joie et simplicité de cœur, louant Dieu, etc., se rendant agréables à tout le monde. » Vous reconnaissez à ces mots la minorité convertie à l'Évangile dans Jérusalem le jour de la Pentecôte. En peu de temps, presque chaque pays, chaque ville, eût une petite société semblable, et les historiens à l'envi nous les montrent au milieu de la corruption païenne « faisant briller leur lumière devant les hommes. » Ah! sans doute les gouvernants doivent désirer avoir affaire à des sociétés pareilles, dont la vertu allait jusqu'à combattre et mourir pour leurs persécuteurs. Comment cette société chrétienne, si pure près de sa source, est-elle devenue la masse vicieuse et toujours révoltée que nous voyons aujourd'hui ? Comment cette masse, qui se nomme encore chrétienne, peut-elle redevenir jusqu'à un certain point ce qu'elle était jadis ? Telles sont les deux grandes questions qu'il est important de résoudre. La première est la plus facile, c'est par elle que nous commencerons... Mais une pensée soudaine me fait monter la rougeur au front! C'est qu'il serait possible qu'on me crût un de ces hommes, toujours prêts à aider le pouvoir à opprimer le peuple. J'ai hâte de protester; car ce peuple, dont je fais partie, a toutes mes sympathies, tous mes vœux, et mes efforts ne tendent qu'à son bonheur véritable. Revenons au peuple modèle.

Quand l'homme a des convictions profondes, sa doctrine c'est lui-même : rappelons donc la doctrine primitive des chrétiens... Jésus-Christ a proclamé la corruption originelle du cœur de l'homme, son impuissance actuelle d'accomplir la loi de Dieu et sa condamnation au nom de cette sainte loi. Mais au coupable qui reconnaît ses fautes et qui en a un vrai repentir, il a déclaré que lui, Jésus, est venu sur la terre pour se charger de ses iniquités, subir à sa place le supplice et la malédiction, et le sauver par pure grâce, accomplissant ainsi la miséricorde de Dieu le père « qui a tant aimé le monde, qu'il a donné son fils afin que celui qui croit en lui ne périsse pas, mais qu'il ait la vie éternelle. » Et pourquoi faut-il croire? C'est qu'il faut aimer Dieu, pour être heureux au ciel près de lui et que l'homme ne peut l'aimer s'il ne croit pas à l'immense bienfait de cette rédemption. Je n'ai pas besoin d'ajouter que l'homme, dans le cœur de qui rentre un sincère et vif amour pour Dieu, montre cet amour en obéissant aux ordres de son divin bienfaiteur. Oui, comme le dit l'Écriture, l'homme qui croit du cœur en Jésus-Christ devient une nouvelle créature. Sa vie est cachée avec Christ en Dieu. Au milieu de la foule qui s'agite autour de lui, il marche incompris; on s'en moque, on l'insulte, on le brûle même; mais toujours calme, il meurt en pardonnant à ses bourreaux.

Jésus, avant de remonter au ciel, ordonne à ses apôtres d'aller en son nom baptiser toutes les nations de la terre en leur apprenant à garder ce qu'eux-mêmes ont appris de lui. Or, ce qu'ils ont appris de lui, la doctrine de la grâce, est un scandale aux juifs et une folie aux païens. Et c'est avec ce scandale et cette folie pour étendard que les apôtres marchent à la conquête de la terre. A la rapidité avec laquelle les ambassadeurs, mendiants du crucifié, répandent leurs doctrines; à la sainteté des fidèles qui les suivent, le christianisme montre sa divinité. Les disciples ont fondé des églises par leur parole inspirée; la même inspiration anime les lettres écrites par eux pour confirmer ces églises dans la foi. Citons quelques passages de ces lettres. Aux troupeaux ils disent : « Vous êtes sauvés par pure grâce; cela ne vient point de vos œuvres afin que nul ne se glorifie. » — « Jésus-Christ s'est livré lui-même pour nos péchés, afin de nous retirer de la corruption du siècle. » — « Jésus vous a réconciliés par sa mort pour vous rendre saints et irrépréhensibles. » — « Il n'y a qu'un médiateur entre Dieu et les hommes. » — « Prenez-garde que personne ne vous séduise par des raisonnements vains et trompeurs selon les traditions... » — « Que personne ne vous condamne pour le manger... au sujet des jours de fête, etc. » — « Que la parole de Jésus-Christ demeure en vous. » — « Purifiez-vous comme lui est pur. » — « Serviteurs, obéissez à vos maîtres... Et vous, maîtres, témoignez de l'affection à vos serviteurs... » — « Soyez soumis à toute puissance humaine... car c'est là la volonté de Dieu. » — « Rendez l'honneur à tous, aimez vos frères, craignez Dieu, honorez le roi, » etc., etc. Aux évêques ils adressent ces enseignements : « Il faut que l'évêque soit mari d'une seule femme... » — « qu'il gouverne bien sa propre famille et maintienne ses enfants dans l'obéissance et dans toute sorte d'honnêteté... » — « Il faut qu'il soit irréprochable. » — « Il faut qu'il ne soit ni altier, ni sujet au vin, ni porté au gain... qu'il soit affable, sobre, juste, tempérant, saint. » — L'Esprit dit expressément que dans les temps à venir, quelques-uns abandonneront la foi... qu'ils interdiront le mariage et les viandes. » — « Annoncez la parole sans vous lasser... car il viendra un temps où tous les hommes ne voudront plus souffrir la vaine doctrine. » — « Avertissez d'être soumis aux princes et aux magistrats. » — « Ceux qui veulent devenir riches tombent dans le piége du démon. « — « Faites-vous à la fatigue et au travail comme un vrai soldat de Jésus-Christ. » — « Celui qui est enrôlé au service de Dieu, ne doit pas s'embarrasser dans les affaires du siècle. » — « Ayant de quoi nous nourrir et nous vêtir, nous devons être contents, » etc., etc.

Tels étaient les enseignements des apôtres, détaillant à chacun les devoirs du racheté par grâce, et ces sublimes préceptes se traduisaient en action dans la vie des jeunes sociétés chrétiennes. Comment donc cette sainteté s'est-elle perdue? Examinons. — Plus de cent ans après la mort du Christ, saint Justin nous montre l'Église, c'est-à-dire l'assemblée des fidèles, rendant encore à Dieu le culte *spirituel et raisonnable*, ordonné par saint Paul. Mais aussitôt après commencent les altérations de la pure doctrine prédites par ce grand apôtre. D'abord le sublime courage des confesseurs de la foi qui marchent au supplice porte les fidèles à rendre, malgré les défenses qu'ils en ont faites eux-mêmes, des honneurs à leurs reliques, et plus tard, au lieu de prier pour les saints, on prie les saints. Les sacrifices, sous l'ancienne alliance, avaient préfiguré celui de Jésus-Christ. Cette grande victime immolée, les sacrifices devaient être abolis et par conséquent aussi toute sacrificature. Mais l'annonce d'un salut où tout venait de Dieu et rien de l'homme, cette annonce, dis-je, à quoi devait se réduire le ministère des prêtres, ne les distinguait plus assez du reste des fidèles qui, comme eux, pouvaient prêcher et même donner la cène et le baptême. Ils voulurent refaire une caste à part, et pour cela ils firent revivre les sacrifices, et redevinrent sacrificateurs. Cette innovation était contraire aux Écritures, mais elle donna au clergé distinction et puissance. Les pasteurs élevés au-dessus du troupeau, les évêques à leur tour s'élevèrent au-dessus d'eux; puis ceux des principales grandes villes s'élevèrent au-dessus de leurs collègues; puis enfin l'évêque de

Rome, après de longs combats avec celui de Constantinople, s'attribua une suprématie sur tous les autres. Tout cela avait été funeste à la sainteté chrétienne; mais de plus rudes coups encore lui furent portés par la prétendue conversion de Constantin, qui d'une secte pauvre et persécutée fit une Église riche et persécutrice, et par l'introduction des nations barbares dans l'Église chrétienne, qui apportèrent dans la communauté leur contingent de vices et de superstition, comme avant eux les païens de l'Italie et de la Grèce y avaient déjà mêlé les leurs. Vous connaissez, Monsieur le Ministre, ces siècles de ténèbres qui suivirent, durant lesquels le monde fut longtemps divisé en une multitude esclave et misérable, et en deux poignées d'oppresseurs, l'une de prêtres et de moines, plus ou moins instruits, et l'autre de nobles féodaux orgueilleusement ignorants. Du reste, la superstition, la méchanceté, l'injustice et les mœurs les plus infâmes étaient le partage de tous. Mais enfin après les croisades nous voyons poindre une faible lueur sur l'Europe abrutie : peu à peu elle croît, s'étend, et devient une vive lumière, à laquelle on examine toutes les croyances, tous les droits, toutes les prétentions. Quel fut le résultat de cette diffusion des lumières? La diminution et bientôt la chute du pouvoir temporel des évêques et de la puissance féodale des barons. Alors on vit un spectacle inattendu ; celui de la multitude esclave secouant ses chaînes pour en frapper ses oppresseurs. Toutefois ces révoltes sans armes et sans intelligence échouent contre les forteresses et les lances des hommes d'armes : mais le peuple a désormais le sentiment de sa force; n'en pouvant rien faire contre lui-même, il la met à la disposition des rois qui en usent pour conquérir un pouvoir absolu, et ceux-ci réussissent si bien, que nous voyons dans les antichambres de Louis XIV, heureux d'un sourire de ce fier monarque, les seigneurs, clercs et laïques qui faisaient naguère la terreur de ses prédécesseurs. Cependant les rois s'aperçoivent bientôt que ce peuple, leur auxiliaire, est un maître qu'ils se sont donné : toutefois le prestige de la royauté et du caractère de Louis XIV tient encore la multitude dans le respect; mais elle le perd bientôt, à la vue des infamies de la régence et du règne de Louis XV. Alors les chefs d'une classe moyenne, nouvellement née, se font les tribuns de ce peuple devenu puissant, sans cesser d'être ignorant, cruel et immoral; ils l'appellent aux armes, et tout est renversé. Je ne vous retracerai pas ce qui s'est passé depuis cinquante ans; le canon révolutionnaire retentit encore à nos oreilles, et nous pourrions voir encore sur nos places des taches du sang des prêtres, des nobles et des rois. Le peuple, on ne peut le méconnaître, avait des droits à revendiquer, mais il a obtenu tout ce que les institutions peuvent donner, et pourtant il reparaît furieux dans nos places publiques, prêt à recommencer la terreur et à faire bien pis encore. Comment donc ce peuple, qui a eu sa part des lumières et qui porte encore le nom de chrétien, est-il si différent du portrait qu'on nous trace de la jeune société chrétienne? C'est que les lumières éclairent l'intelligence sans changer le cœur; c'est que le clergé, guide des âmes et docteur de la loi, en perdant tout, jusqu'à ses vices, n'a rien changé à son enseignement si différent de celui des apôtres; c'est qu'il s'obstine à garder des pompes et des cérémonies, à la place du culte en esprit et en vérité que Dieu demande, et qu'il place toujours la forme avant le fond, et la gloire de son Église avant la conversion des âmes. C'est qu'il n'a pas compris enfin sa haute mission : depuis dix ans l'influence ne lui a pas fait défaut, lui-même s'en vante; et cependant nous voyons ce qu'il a fait de ce peuple qui retournait à lui. Eh! comment en serait-il autrement? Nous voyons aujourd'hui le pays uni comme un seul homme, proclamer la corruption et jeter un cri de détresse; eh bien, que fait le clergé? L'évêque de Rhodiopolis, à propos d'un chemin de fer, ne peut assez vanter le sentiment religieux de la France, et un autre prêtre, vêtu de l'habit couvert du sang des Albigeois, dit aux Parisiens du haut de la chaire de Notre-Dame, qu'ils *se calomnient eux-mêmes en se croyant vicieux*. C'est avec un profond sentiment de tristesse que j'ai tracé ce tableau, tout en reconnaissant avec bonheur qu'il y a eu et qu'il y a encore bon nombre de prêtres éclairés et pieux, qui condamnent dans leur cœur la malheureuse tendance de leur Église. Vous partagez plus ou moins cette tristesse, Monsieur le Ministre, je le crois, et sans que j'insiste davantage, vous voyez clairement comment le peuple, qui sent sa force chaque jour plus excitée par une presse et des discours incendiaires, et moins retenu par une éducation religieuse absolument sans vie, est prêt à tout renverser aujourd'hui. Sans doute avant vous les pouvoirs qui se sont succédé ont vu ce mal croissant, et cependant qu'ont-ils fait pour l'arrêter? Et que faites-vous vous-même pour la régénération du pays?

Il faut le dire toutefois, pour excuser, jusqu'à un certain point, l'inaction du pouvoir : le gouvernement représentatif est peu favorable à l'exercice des vertus morales, surtout lorsque dans son enfance il est en butte aux factions. Quelques mois de ministère font la fortune d'un homme et de ses amis; de là ces efforts incessants pour renverser tout pouvoir qui est debout. Celui qui a conquis, on pourrait même dire volé le portefeuille, veut le garder aussi longtemps que possible, et pour cela il se fait beaucoup de créatures; de là vient que tous les emplois, au lieu d'être donnés à l'ancienneté et au mérite, le sont à la vénalité, à la faveur, au népotisme et surtout à la peur; or, cette peur qui les donne est aussi ce qui les fait garder. Si l'on est en vue dans la place qu'on occupe, on se fait petit, on se dissimule, on ne fait rien, afin d'être gardé par le vainqueur quand le bienfaiteur est renversé. Tout le monde a peur ; le ministère a peur de l'opposition ; le préfet a peur du ministère, il a peur de l'évêque, il a peur du conseil général, peur des députés, peur des électeurs, peur des conseils municipaux, peur enfin d'un maire de village. Ce que je dis du préfet peut se dire de toute autre espèce de fonctionnaire. La peur est le chef suprême de toute administration en France; comment donc un pays ainsi régi aurait-il des vertus publiques, un vrai patriotisme, et comment pèserait-il dans la balance européenne? Mais, j'entends l'opposition se récrier et protester que si elle avait le pouvoir, l'âge d'or des vertus civiques reparaîtrait. Nous la croirons quand nous verrons ses membres s'assembler, se compter et signer cette déclaration : « Nous livrons à la réprobation et au mépris des électeurs et du pays tout député qui, parmi nous, sollicitera pour lui ou pour un autre aucune faveur du ministère. » Jusque-là, messieurs les soi-disant libéraux, souffrez qu'on ne vous en croie pas sur parole.

Parmi tant de coureurs de portefeuilles, quelques hommes sérieux et amis du bien ont paru de temps à autre. Ils auraient pu faire beaucoup pour la prospérité et l'amélioration morale du pays, s'ils eussent joui de la paix nécessaire pour concevoir et exécuter; mais il leur a fallu pour rester debout toute la force de leur génie et de leur caractère; encore sont-ils tombés devant des chambres séduites par de vaines paroles, et sans intelligence des vrais intérêts de la nation. Je reconnais qu'il existe encore de ces hommes dans le cabinet actuel, et bien que j'y pusse souhaiter quelques changements, je n'ai pas besoin du motif de la vieille femme de Syracuse pour désirer qu'il reste longtemps aux affaires. Oui, je crois que tel qu'il est, le ministère peut encore sauver le pays, si toutefois le pays veut être sauvé, et ne veut pas ressembler à l'insensé près de se noyer, qui, par sa résistance, paralyse l'effort de celui qui veut le ramener à bord. Mais, hâtons-nous de chasser un pareil doute, nous avons besoin de confiance pour soutenir notre courage. Oui, croyons-le bien, la France est fatiguée de tant de déclamations, de personnalités et de mensonges; elle voit l'abîme vers lequel la pousse la tempête des passions déchaînées, et, pour se sauver, elle aidera à la manœuvre; que le pouvoir seulement tienne hardiment le gouvernail et qu'il indique ce qu'il faut faire.

Mais, direz-vous, Monsieur le Ministre, nous voici arrivés au second des problèmes que vous avez posés, et, au lieu d'en donner la solution, vous vous retirez en me laissant le soin de le résoudre. Non, je ne fais pas défaut. Je proclame seulement que rien ne se peut faire, non-seulement sans vous, mais encore sans votre direction. Élevez donc votre étendard, afin qu'autour de lui viennent se rallier tous ceux qui voudront prendre la croix dans cette sainte entreprise.

Revenons à la tâche que je ne veux point éluder; cherchons la solution de ce second problème. Médecins de la société en danger, voyons ce que fait le médecin véritable pour sauver son malade. Ne recherche-t-il pas la cause du mal, et, quand il l'a trouvée, ne s'empresse-t-il pas de la combattre? Imitons-le. Nous avons vu quelle était la vertu, c'est-à-dire la santé morale des premiers peuples chrétiens peints si admirablement par ces vers de *Polyeucte* :

La secte des chrétiens n'est pas ce que l'on pense, etc.

et, suivant le cours des siècles, nous avons vu comment ils se sont corrompus et sont devenus incapables de résister à l'envahissement de l'incrédulité, de l'égoïsme, de tous les vices et de tous les crimes. Nous avons vu que cette impuissance de résister au mal fut la suite de l'altération de l'enseignement religieux qui ôta toute croyance positive, forte et vivifiante. Oui, c'est cette absence de forte croyance, prolongée jusqu'ici, qui tue le malade; il faut la faire cesser. Commençons par là. A l'œuvre, Monsieur le Ministre!

Je vous entends me répondre que vous n'avez aucun pouvoir à cet égard. Je ne sais que trop que vous ne pouvez renverser de haute lutte les abus que nous avons signalés; mais, si vous ne pouvez tout, ne pouvez-vous rien? Avec persuasion et fermeté, vous pouvez unir votre voix à celles d'un assez bon nombre d'ecclésiastiques pieux, qui désirent une réforme dans l'enseignement catholique. Avec eux, vous pourrez demander que l'instruction du séminaire soit plus substantielle, et qu'on s'y attache plus qu'on ne le fait à répandre l'esprit de l'Évangile et la vie chrétienne. Que la chaire modifie son langage, et qu'au lieu de tant appuyer sur la forme, elle parle plus de la corruption et de la nécessité de naître de nouveau; et qu'au lieu de légitimer le massacre de tant de dissidents, et d'exciter à la haine de la faible minorité qu'il en reste, elle exhorte plutôt à les surpasser en bonne conduite et en soumission aux lois. Vous pouvez demander qu'aucun enfant ne soit admis à la communion avant de pouvoir comprendre l'acte important qu'il accomplit; que l'instruction qui l'y prépare soit rendue plus attrayante, afin qu'il y pense plus tard avec plaisir, au lieu de n'y songer qu'avec ennui. Vous pouvez dire que la méthode suivie jusqu'ici pouvait suffire quand la multitude était tenue en respect par les châteaux forts et les hommes d'armes; mais qu'aujourd'hui et depuis longtemps elle est impuissante; et que si l'Église n'y prend garde, elle tombera elle-même, malgré l'apparence de faveur dont elle jouit, sous les ruines de la société, qu'elle n'aura pas voulu aider à défendre.

Si, dans ce qui précède, vous ne pouvez que demander et exhorter, il y a, sous le rapport religieux, des choses qui dépendent absolument de vous. Vous pouvez n'accorder l'épiscopat, ou toute autre faveur, qu'au prêtre qui aura donné des preuves de son attachement aux institutions, de sa tolérance, de son esprit évangélique et de son zèle pour l'amélioration véritable des peuples. Vous pouvez être juste pour tous les cultes, et ne pas favoriser le puissant aux dépens des faibles. Vous savez qu'il existe des hommes sincères, qui, peu préoccupés de la forme, ne pensent qu'à suivre l'Évangile et à vivre chrétiennement. Ils sont dans le droit que leur donne la constitution, quand ils se réunissent en petites églises. Vous pouvez et vous devez défendre qu'on les inquiète, et qu'en vertu de tel article du Code pénal vos maires et vos procureurs du roi ne violent la Charte en les persécutant. Qu'on surveille leurs assemblées, c'est le droit et le devoir de l'administration : on n'entendra que parler de contrition, de rédemption et de sanctification; que prier pour le roi et prêcher l'obéissance aux princes et aux magistrats. « C'est au fruit qu'on connaît l'arbre. » Eh bien! Monsieur le Ministre, faites faire des enquêtes partout où il y a des oratoires évangéliques, et notamment à Lyon, et vous verrez qu'aucun des ouvriers qui les fréquentent n'a pris part à une émeute; faites des enquêtes, et vous verrez que ces églises paisibles, que hait également le catholicisme de forme et le protestantisme rationaliste, sont vraiment chrétiennes, vraiment morales, et qu'elles méritent votre prédilection, bien qu'elles ne demandent que votre équité. Enfin, vous montrez beaucoup de déférence au clergé; vous pouvez montrer en même temps, ce qui serait plus efficace, plus de respect pour la religion. Comment? direz-vous. En ordonnant à tous vos subordonnés de ne point profaner le dimanche comme ils le font généralement, et comme cela ne se voit chez aucune autre des grandes puissances. Pour tout chrétien, ce jour est un jour de repos, destiné à la méditation et à la prière; l'administration en fait un jour d'adjudications, d'élections, de révision même, opération dégoûtante s'il en est, et toujours suivie de sales orgies dans les cabarets. Cependant il existe des lois sur l'observation des dimanches; qui les respectera, si l'administration est la première à les mépriser? J'ai présidé des élections fixées au dimanche par l'administration, et je puis vous affirmer que le choix de ce jour a scandalisé quelques-uns des électeurs. Vous avez le pouvoir et le droit de mettre fin à de tels abus ; usez-en. Voilà donc, quant à la religion, vos devoirs, Monsieur le Ministre : demander aux uns et ordonner aux autres. Oh ! de grâce, demandez et ordonnez sans délai ! Quand on vous aura accordé l'objet de vos demandes, quand on aura obéi à vos ordres, un grand pas sera fait dans la solution du problème du retour de la société à l'État que nous avons décrit, ou, pour me servir d'une expression mathématique, une des inconnues du problème sera dégagée. Passons à une autre ; à l'instruction publique.

Qu'a-t-on fait à cet égard, et que fait-on encore ? Je ne reproduirai pas les assertions un peu dures du discours de M. de Montalembert ; mais, sans incriminer les intentions de l'Université, j'ai à lui demander compte de bien des choses.

De nos jours, tout le monde use de politesse envers l'Évangile ; on avoue assez généralement que tout irait mieux s'il était la règle de toute conduite ; mais dans l'Évangile, le grand nombre ne voit qu'un sublime code de morale, au lieu d'y trouver ce que le nom indique, c'est-à-dire une bonne nouvelle. Nous nous permettrons de différer d'avis avec la majorité. Selon nous, en tant que code de morale, ce livre n'est qu'un amas d'exagérations, facile à admirer, mais impossible à pratiquer. Et pourquoi même tenterait-on de lui obéir ? Ah ! pour pratiquer le renoncement qu'il impose, il faut y voir le testament d'un Dieu mort pour nous donner la vie ! Il faut que la reconnaissance et l'amour nous rendent aimables ces commandements si durs pour notre chair ; eux seuls peuvent nous donner la force de marcher dans l'imitation de Jésus-Christ. C'est donc comme la bonne nouvelle du pardon de Dieu qu'il importe que l'Évangile soit considéré. Eh bien ! que font la plupart de vos professeurs de philosophie ? ils enseignent, l'un, la doctrine sensualiste, l'autre, le panthéisme, un troisième, l'éclectisme, etc., et bien peu d'entre eux osent annoncer la philosophie chrétienne. Voilà ce que la jeunesse de nos jours entend ordinairement. Or, ces sagesses humaines ne peuvent se concilier avec la folie de la croix, et celle-ci, enseignée trop tôt ou trop mal, disparaîtra devant des systèmes éloquemment soutenus. D'après cela, ne peut-on pas, sans injustice, accuser l'Université de propager l'incrédulité? Je reproche encore à l'Université de donner des brevets à des professeurs et à des maîtres de pension d'une conduite souvent peu régulière et de principes antireligieux et antimonarchiques; je lui reproche de ne pas prendre à cet égard les précautions nécessaires et de s'en rapporter à des certificats d'autorités locales, qui se vantent souvent d'en donner de fort bons aux plus mauvais sujets, pour en débarrasser leurs communes. Elle a des inspecteurs d'Académie qui ne voient rien à fond dans leurs tournées, et qui, pour ne pas se faire d'ennemis, rapportent au recteur de bons renseignements sur tout le monde. Ce qui manque *partout*, c'est une conscience délicate, une probité exacte, parce que le fonds vraiment religieux manque, et que sans lui la conscience est muette et l'intégrité une niaiserie. Passons à l'instruction primaire.

Quand éclata la révolution de juillet, l'opposition réclamait à grands cris une vaste extension de l'instruction primaire; une partie de ses membres croyant de bonne foi qu'à cela seul tenait la prospérité et la gloire du pays; l'autre, dans le but de vexer le clergé et de faire lire à tous les Français les éditions *Touquet*. Cette opposition, devenue le pouvoir en 1830, pour être conséquente avec elle-même, devait donner un puissant élan à l'instruction primaire, et c'est ce qu'elle a fait. Mais il paraît que le gouvernement, sorti de la révolution, avant de donner cet immense développement à l'instruction primaire, ne s'est pas demandé quel en serait le résultat, et c'est un grand tort qu'il a eu. Avant de jeter à tous la science de lire, il eût dû se demander ce qu'il y avait alors à lire à la portée du peuple, et la réponse l'eût fait hésiter sans doute. Qu'eût-il vu, en effet? de mauvais journaux et de mauvais romans, destinés à faire perdre au peuple le peu qui lui reste de moralité et de respect pour l'autorité publique. Un gouvernement prudent, voyant qu'en pareille circonstance l'art de lire était une arme fatale à la société, eût attendu, pour le distribuer à tous, que ces circonstances fussent modifiées. Il eût obtenu, pour y parvenir, des lois de censure ou de répression, sinon contre les journaux anarchiques, du moins contre les livres démoralisants. A ces mauvaises lectures diminuées, il en eût opposé de bonnes, nombreuses et à bon marché, qu'il eût obtenues en donnant des primes suffisantes pour des ouvrages intéressants et moraux à la portée du peuple. Les fonds disponibles du budget et même les fonds secrets eussent payé ces primes, car de bons principes sont plus efficaces que des espions pour défendre la société. En s'occupant de l'instruction du peuple, on devait aussi le faire avec réflexion, et ne pas commencer l'édifice par le premier étage, comme on l'a fait. On devait ne pas se laisser tromper par un adjectif mal appliqué, et voir que la véritable instruction primaire est celle qui commence en sortant du berceau. Alors, au lieu de créer d'un seul mot une école dite primaire dans chaque commune, on eût rendu obligatoire une salle d'asile, et obligatoire en même temps la présence journalière des enfants à l'asile. Si l'on eût agi ainsi, la petite génération d'alors, élevée dans l'amour de Dieu, familiarisée avec l'ordre et la soumission, approchée de tout ce qui est bien, éloignée de tout ce qui est mal, fût entrée plus tard dans des écoles primaires, où elle eût continué son instruction. Puis, ayant trouvé ensuite à lire de bonnes choses, elle formerait aujourd'hui une jeune population morale et soumise aux lois. Mais on demande que seraient alors devenus les enfants au-dessus de sept ans, dans les communes privées d'écoles primaires? Je réponds que ces enfants fussent restés sans pouvoir de lire les monstruosités qu'ils ont entre les mains, et que ce n'eût pas été là un grand malheur. Il n'y avait rien à attendre d'enfants au-dessus de sept ans, habitués déjà à l'oisiveté et au vagabondage, pervertis par les mauvais propos et les mauvais exemples. Il fallait donc agir comme dans un incendie où l'on fait la part au feu, c'est-à-dire laisser sans instruction les enfants déjà à moitié démoralisés, et s'occuper sur-le-champ des générations qui sortaient du berceau. Mais (nouvelle objection) beaucoup de communes n'eussent pas eu les moyens d'avoir ensuite une école primaire, la salle d'asile ayant déjà employé toutes leurs ressources. Je réponds que cela est vrai, mais que ces communes se seraient passées sans inconvénient des écoles primaires, en ajoutant, à peu de frais, une section à la salle d'asile, où, sous la même direction (chose précieuse), les enfants au-dessus de sept ans eussent reçu l'instruction *nécessaire*. La salle d'asile peut parfaitement ainsi tenir lieu d'école dite primaire, et celle-ci ne peut jamais tenir lieu de la salle d'asile. Je le repète, on a bâti le premier étage avant de poser les fondations; aussi n'a-t-on rien fait de bon. La génération au-dessus de sept ans, dont on s'est préoccupée, à moitié corrompue, a appris, par la lecture, à se corrompre davantage, et l'on a laissé commencer à se corrompre les petits enfants qu'on eût pu facilement amener au bien.

Quelques personnes, bien intentionnées pourtant, n'avouent pas les bienfaits de la salle d'asile; elles prétendent même que cette institution détruit l'amour réciproque de la mère et des enfants. J'ai beaucoup suivi et observé de très-près les écoles de la première enfance, et je puis certifier que j'ai vu partout le contraire. Les mères, n'ayant pas l'ennui toute la journée de leurs enfants, ne voient que le bonheur de les posséder, et ceux-ci, ne souffrant point de la mauvaise humeur de la mère, la retrouvent le soir avec beaucoup de joie. Les personnes auxquelles je réponds ajoutent que les salles d'asile ne devraient pas exister dans l'état normal de la société; c'est une question à approfondir, mais nous sommes si loin de cet état normal, et le peuple pauvre à cause de sa paresse et de ses vices est si peu capable de donner aux petits enfants autre chose que les mêmes vices et la même paresse, qu'à moins de nier la lumière du soleil, on doit avouer qu'il est bon de tenir les petits enfants éloignés de leurs parents. L'enfance imite tout ce qu'elle voit, il faut donc l'empêcher de voir le mal. J'en conclus que le jeune enfant, qui dort neuf ou dix heures et qui en passe autant à l'asile, sous une morale et douce surveillance, est dans les circonstances les plus favorables pour échapper à l'immoralité au milieu de laquelle il vit.

Mais parce qu'on n'a pas fait il y a dix ans tout le bien qu'on pouvait faire, est-il trop tard pour en faire aucun? Je ne le pense pas. Mais pour y parvenir, il faut à présent, comme cela eût été si puissant alors, s'occuper particulièrement de la salle d'asile. Depuis quelque temps (je ne sais si c'est la faute du ministère), les préfets n'excitent pas les conseillers municipaux à fonder des asiles, et ne pressent pas les conseils généraux de voter des fonds pour cet objet. Je connais tel conseil général à qui le préfet n'en a pas même parlé cette année, et qui, de 4 à 5,000 francs qu'il votait il y a trois ou quatre ans, n'a porté cette fois sur son budget que quelques cents francs, et encore sur la seule proposition d'un de ses membres. Il faut réveiller messieurs les préfets et les stimuler afin qu'ils stimulent à leur tour leurs administrés. Mais cela ne suffit pas, il faut organiser au moins deux écoles normales, et à cet effet faites un appel pressant à des personnes haut placées, influentes, riches et éclairées, ou possédant au moins un de ces dons; et faites-leur comprendre le dévouement qu'on attend d'elles, en leur montrant en même temps que l'avenir du pays dépend des salles d'asile. L'organisation de ces deux établissements une fois arrêtée, avec elles, ensemble, vous y appelez des jeunes gens des deux sexes, aimant les petits enfants, et capables, par leur piété sincère et leur intelligence, de devenir de bons surveillants et surveillantes. Il y a dans la direction des asiles deux écueils qu'il faut éviter. Quelques personnes ne voient dans cette institution qu'une sauvegarde contre les accidents qui arrivent souvent aux petits enfants abandonnés, et pensent qu'il n'y a rien à enseigner à ceux-ci. D'autres veulent en faire des petits savants; ce qu'il faut voir dans cette création du pieux Oberlin, c'est une sauvegarde en effet contre les accidents matériels, mais en même temps et surtout une sauvegarde contre les vices qui saisissent l'enfant dès le berceau.

Les ecclésiastiques sont en général opposés aux salles d'asile; cependant je connais un des plus respectables d'entre eux, qui, dans son humilité et son dévouement, s'est fait lui-même surveillant d'un asile. Avec une grande douceur et une grande fermeté, il discipline ces petits enfants, laissant le catéchisme pour l'âge de sept ans; il ne mêle rien dans la tête des enfants à la grande idée de Dieu, dont il fait à chaque instant admirer la puissance et chérir la bonté. Il place dans la mémoire de ces petits auditeurs des maximes des saintes Écritures, qu'il ne fait jamais répéter qu'avec un respect profond. Il leur inculque la haine de toute espèce de mensonge et de fausseté. Il a approprié à leur jeune intelligence des prières particulières, et il s'attache à obtenir que leurs jeunes cœurs prient en même temps qu'ils prononcent des paroles. Il leur apprend enfin tout ce qui est bon, utile, honnête et désirable. De la sorte il ne fait pas seulement du bien à ces petits enfants, mais il en fait encore à leurs parents ; car ces petits écoliers rapportent ces instructions dans leur famille, y arrêtent quelquefois des querelles en répétant ces paroles de Salomon : « Mieux vaut un morceau de pain où règne la paix, qu'une maison pleine de viande où il y a des querelles ; » ou ils empêchent un vol près de se commettre, en disant avec saint Paul : « Les ravisseurs du bien d'autrui n'auront point de part au royaume des cieux !... » Je m'arrête, car cette lettre s'allonge malgré moi, tant la matière est importante. J'ajouterai pourtant encore quelques mots nécessaires. Il faut aussi que par la voie de la presse officielle le gouvernement fasse un appel pressant à toutes les personnes qui sont dans l'aisance, afin qu'elles contribuent avec lui au prompt accroissement, en France, des salles d'asile, qu'il leur en montre l'extrême nécessité, qu'il leur fasse comprendre que dans le temps critique où nous vivons, le riche doit offrir une dîme au moins de ce qu'il possède, s'il veut garder le reste. Il est nécessaire aussi d'introduire quelque chose d'intermédiaire entre l'asile et l'école primaire, car les instituteurs et institutrices primaires (peu favorables du reste aux asiles qui leur enlèvent l'écolage de quelques enfants au-dessous de sept ans) se plaignent que leurs élèves qui sortent des asiles, quoique doux et soumis, sont très-remuants. La chose est toute naturelle, puisque la règle de l'asile donnant beaucoup de mouvement aux enfants, ils ne peuvent, d'un jour à l'autre, s'accoutumer à rester des heures entières sans bouger. On peut obvier à cela en introduisant une section dans l'asile où les enfants pourront passer, pour ainsi dire, de la première à la seconde enfance, c'est-à-dire s'accoumer à plus de sérieux et à moins de mouvement. — Passons aux écoles primaires. La loi de 1833 est fort belle, je l'avoue, dans sa simplicité ; je la crois suffisante daus un pays calme et religieux, c'est-à-dire en même temps qu'elle est loin de suffire au nôtre. L'auteur de la loi y avait ajouté, il est vrai, deux auxiliaires qui paraissaient puissants, 1° un envoi de Nouveaux Testaments dans les écoles ; 2° une admirable instruction pour les instituteurs. Mais hélas ! peu de ceux-ci ont compris l'instruction, ou même ont pris la peine de la lire, et les curés, presque partout, ont fait disparaître les Nouveaux Testaments. Ce ne sont pas les lois qui nous manquent en France. Il y en a de bonnes et beaucoup ; mais personne ne se met en peine de les faire exécuter. L'instruction primaire manque par sa base. Les écoles normales ne tendent point au but où nous visons. Dans celles qui existent, on donne une instruction suffisante aux instituteurs futurs, mais ils n'y reçoivent point l'éducation, c'est-à-dire qu'ils n'y apprennent point la chose la plus nécessaire. Si l'on a vraiment la régénération morale du pays à cœur, et si l'Université ne veut pas décidément mériter les reproches de M. de Montalembert, il faut changer cet état de choses. Cherchez donc, ministre de l'instruction publique (et songez que ce choix est cent fois plus important que celui de vos professeurs de colléges royaux), cherchez des hommes de piété, de lumières et de dévouement, et en les honorant et les rétribuant selon l'importance de leur œuvre, mettez-les à la tête de vos écoles normales, en leur donnant (sous votre regard toutefois) carte blanche pour les réorganiser. Que se donnant corps et âme à cette tâche vraiment sainte, ils soient pour leurs élèves des amis et des pères. Ils ne donneront point de cours en règle sur la morale, mais ils ne perdront aucune occasion de l'inculquer et de la rendre aimable par leurs exemples comme par leurs discours. C'est par des entretiens familiers et paternels qu'ils toucheront leurs cœurs; c'est en méditant avec eux les saintes Écritures dont ils retiendront des versets pratiques, c'est en leur persuadant de servir Dieu en esprit, c'est en leur disant que les prières qui ne partent pas du cœur sont vaines, que dis-je? sont offensantes pour le Seigneur; c'est ainsi qu'ils placeront dans leurs âmes un inébranlable respect pour la vérité, et une ardente charité pour tous les hommes. En recevant de pareils avis, en voyant surtout le dévouement de leurs maîtres, ces élèves ressembleront à ceux-ci, et placés bientôt eux-mêmes à la tête d'une école, ils se dévoueront à l'éducation plus encore qu'à l'instruction des enfants qui leur seront confiés, sans se laisser rebuter par les vices déjà frappants de leurs élèves, par les exigences des coteries locales et par l'ingratitude des parents qui ne les comprendront point. — Voilà, Monsieur le Ministre, où il faut que nous en arrivions.

Supposons que nous ayons de pareilles écoles normales, supposons même qu'elles aient déjà doté les écoles primaires de dignes instituteurs, nous aurons fait encore peu de chose, si ces écoles ne sont pas fréquentées et surtout par les enfants des classes pauvres. Dans d'autres pays, qui valent bien le nôtre, quoique dans notre modestie nous nous placions toujours à la tête des nations civilisées, dans d'autres pays, l'école est obligatoire. Je sais que dans son dernier rapport, M. Villemain a prétendu que, sans forcer la fréquentation des écoles, on l'obtiendrait bientôt, *parce qu'il sera trop honteux de ne pas savoir lire au milieu du grand nombre qui possédera cette science*. Je ne sais si de l'hôtel du ministère. M. Villemain a déjà aperçu la rougeur au front des ignorants. Quant à moi, qui depuis longtemps m'occupe de l'instruction primaire, qui vois les élèves et m'entretiens avec eux et avec leurs parents, je n'ai point encore aperçu la honte en question. Dès que les enfants ont la force de rendre quelques services, soit aux champs, soit à la maison, les pauvres ne les envoient plus à l'école. Les autorités locales, par des décisions approuvées des préfets, pourraient retirer les secours du bureau de bienfaisance aux pauvres qui négligent l'instruction de leurs enfants, mais elles ne le font pas. Cette mesure d'ailleurs serait insuffisante. Comment, dira-t-on, l'instruction est gratuite pour les pauvres et ils la négligent? Oui, et j'ajouterai que ceux qui ont quelque aisance en font autant quand l'instruction primaire est tout à fait gratuite; et que la rendre ainsi partout équivaudrait à supprimer les écoles. Qu'on soit bien persuadé que ceux qui payent s'inquiètent seuls de savoir si leurs enfants vont à l'école, et qu'il est d'ailleurs immoral que celui qui a le moyen de le faire ne s'impose aucun sacrifice pour l'instruction de sa famille. Il faut absolument, je le répète, que l'école devienne obligatoire, et si l'on m'objecte que l'on ne peut forcer la confiance des parents envers l'instituteur, je consens à ce que ceux-ci ne lui confient pas leurs enfants; mais alors il faut leur dire : « Vous ne voulez pas que vos enfants fréquentent l'école primaire, c'est très-bien; mais à *tel* âge, il faudra qu'ils passent à un examen, et s'ils ne savent rien, vous payerez une forte amende, et dans le cas d'insolvabilité, vous irez en prison. » On peut parler haut et ferme, quand on parle au nom de l'intérêt, que dis-je? du salut du pays.

J'ajouterai une observation particulière aux départements forestiers de la France. Là, moins qu'ailleurs, les écoles sont fréquentées par les enfants de ceux qui n'ont pas quelque aisance parce qu'ils passent leur journée à couper et à ramasser du bois dans les forêts des communes et de l'Etat. Je désire, Monsieur le Ministre, fixer particulièrement votre attention sur cet usage. Il est nuisible sous plus d'un rapport; son moindre inconvénient est de ravager les bois; le second est d'empêcher les enfants de fréquenter les écoles. Enfin, c'est dans ces courses au bois où les jeunes gens des deux sexes se mêlent sans surveillance, que commence et que se continue une carrière de vices et de débauches qui ne s'arrête plus. Ne pourrait-on rien faire pour remédier aux abus de cette habitude d'aller au bois, qui augmente beaucoup le nombre des enfants illégitimes? L'administration doit prendre des mesures à cet égard, ne serait-ce qu'en organisant en bandes de sexes différents, surveillées, tous ceux qui se livrent à cette industrie, qu'on ne peut guère empêcher.

Après avoir parlé de la fréquentation des écoles, occupons-nous de leur surveillance. On a créé des comités supérieurs et des comités locaux. Je ne dirai rien des premiers; quant aux seconds, il vaudrait mieux, dans beaucoup de petites villes et dans les villages, qu'il n'y en eût aucun. Dans les premières, ils ne servent que les passions des coteries, et dans les seconds, ils se réduisent toujours de fait au seul desservant de la paroisse, qui devient par là directeur absolu de l'instruction. Aucun d'eux ne comprend sa mission, et quand on peut les réunir aux écoles, leur présence y est complétement nulle, si leur visite ne s'y passe pas en plaisanteries inconvenantes, capables d'ôter toute espèce de respect et de sérieux aux enfants.

Dans un tel état de choses, les pauvres instituteurs sont bien embarrassés, tiraillés qu'ils sont par les exigences des parents qui voudraient leur donner des leçons et qui prennent parti contre eux pour leurs enfants, par les préjugés des localités, par l'autorité ecclésiastique, par l'autorité administrative et enfin par l'inspecteur des écoles primaires.

Nous avons parlé des inspecteurs de l'instruction primaire : occupons-nous d'eux un moment. Eux seuls, indépendants des coteries locales, pourraient, munis d'instructions précises, donner une marche uniforme et utile aux écoles de la France; mais cela n'arrive point, pour plusieurs raisons. D'abord le point de l'échelle hiérarchique où ils sont placés dans l'Université ne leur donne pas assez de considération près de tous ceux à qui ils ont à faire; puis ils n'ont pas le moyen de se faire obéir; ensuite les attributions de chaque pouvoir, n'ayant point une limite positive, les comités locaux, les maires, les ecclésiastiques, les conseils municipaux, empiètent les uns sur les autres, ce qui cause un désordre, au sein duquel l'inspecteur ne peut donner force à la loi. Il semblerait que les instituteurs, placés directement sous leur inspection, dussent leur obéir; mais il n'en est rien; ils le promettent, mais ils ne le font pas. Dès que l'inspecteur est reparti (car les trois quarts de l'année sont employés par lui à noircir du papier pour son ministre), ils reprennent les habitudes exigées par tous ceux à qui ils ont affaire journellement, s'occupant peu de complaire à un inspecteur, dont ils voient tout le monde se moquer, et qui ne reparaîtra peut-être pas avant un an ou deux. Ces pauvres inspecteurs ont si peu de pouvoir, que, lorsque l'un d'eux, par hasard, a du zèle et du dévouement, il sue sang et eau, comme on dit, pour obtenir quelques améliorations, sans pouvoir y parvenir, et qu'il ne peut même lutter avec assez d'avantage contre l'esprit de coterie pour faire fermer des écoles clandestines et malsaines; et que, si pour y arriver il s'adresse aux autorités auxquelles la loi l'envoie, elles lui conseillent, *en ami, de laisser les choses comme elles sont*. Alors, fatigué et découragé, il finit par rentrer dans l'apathie où il voit tout le monde se complaire. Si l'on veut que les écoles donnent le résultat qu'on en attend, il faut supprimer tous ces rouages nuisibles, loin d'être utiles, et investir l'inspecteur du pouvoir de se faire obéir par les instituteurs et institutrices. Il y aura peut-être, à cause de la sottise et de l'entêtement des parents, quelques élèves payants de moins dans les écoles communales; mais, au moyen de l'obligation *imposée* de passer à des examens, ainsi que nous l'avons dit plus haut, cet inconvénient sera fort peu de chose. Du reste, l'Université, par les récompenses qu'elle peut décerner, dédommagera facilement les instituteurs des écolages qu'ils auront pu perdre par leur fermeté. Enfin, l'inspecteur ayant sur les instituteurs privés le droit de se *faire obéir*, la règle sera la même dans toutes les écoles, et les parents entêtés, ne gagnant rien à retirer leurs enfants de l'école communale, les y laisseront, forcés qu'ils seront de les faire étudier. L'essentiel est de porter la loi qui rend l'instruction primaire obligatoire.

Avant d'en finir sur l'instruction primaire, nous ne pouvons nous empêcher de demander compte au ministère du peu de cas qu'il semble faire des filles de la France. Jusqu'ici on paraît avoir dédaigné de s'en occuper. D'où cela peut-il venir? Nos filles ne seront-elles pas les épouses de nos fils et les mères de leurs enfants? les femmes n'ont-elles aucune influence sur leurs maris et sur leurs fils? ou ne pense-t-on pas qu'il soit utile de rendre cette influence avantageuse à la moralité publique?... Peut-être que, voyant sortir des nombreuses congrégations qui couvrent la France une grande quantité d'institutrices, peut-être, dis-je, pensez-vous qu'il n'y a qu'à les laisser faire. Mais en supposant déjà qu'elles fussent suffisantes à cette tâche par leur nombre, ce qui est loin d'être vrai, n'avez-vous aucune garantie à leur demander? Il n'est que trop vrai que vous abandonnez dans une complète incurie l'éducation de nos filles, qui doivent devenir bientôt épouses et mères, à des institutrices qui ont fait vœu de n'être ni mères ni épouses. Personne ne rend hommage plus que moi à la vertu, à la charité d'un bon nombre de sœurs des congrégations religieuses; mais suffit-il d'être vêtue de noir et de porter médaille ou crucifix, pour avoir toutes les qualités qui méritent cet hommage? Certes, personne, doué de sens commun, n'oserait le soutenir. Certainement si l'on peut, si l'on doit même admirer le dévouement de celles dont j'ai parlé, on ne peut, sans niaiserie, avoir la même admiration pour toutes les religieuses qui existent, car l'on sait que les congrégations se remplissent en majeure partie de pauvres filles de très-petits marchands, de cultivateurs, d'ouvriers, etc., et que, menant une vie beaucoup moins pénible, là où elles sont placées, que dans les misérables demeures de leurs parents, il n'y a pas besoin, de leur part, de beaucoup de dévouement pour préférer le mieux au pire. Je me suis beaucoup occupé d'instruction primaire, Monsieur le Ministre; de plus, je me sens impartial, et je crois avoir le droit de vous dire que, dans beaucoup d'écoles tenues par des sœurs, il y a des filles de quatorze à quinze ans qui apprennent à lire depuis fort longtemps et qui ne se font pas encore comprendre en lisant. Quant à l'éducation qu'elles reçoivent, elle est généralement *nulle*. Elles n'emportent ordinairement de l'école que des pratiques religieuses souvent futiles, et elles n'y sont, en aucune manière, on le pense bien, initiées aux devoirs qu'elles seront bientôt appelées à remplir comme femmes et comme mères. La charte dit que tous les Français sont égaux devant la loi : ne la faites-vous pas mentir, en instituant un privilége en faveur d'une certaine classe ? en ne demandant point de brevet de capacité aux religieuses, lorsque vous en exigez de toute autre personne du sexe ? Il me semble qu'il y a contradiction entre ce privilége et l'égalité à laquelle la loi proposée sur l'instruction secondaire assujettit les ecclésiastiques qui veulent être professeurs ou maîtres de pension. Pour être conséquents avec vous-mêmes, vous devez affranchir ces derniers de tout examen, puisque vous en affranchissez les sœurs des congrégations, qui sont une espèce de clergé en guimpe, soumis au clergé véritable, et n'enseignant que sous sa direction. Soyons équitables, et supprimons aussi les précautions de la loi de l'instruction secondaire, ou plutôt soyons fidèles à la constitution, et abolissons *toute espèce de privilége*. Je finis par une courte observation : c'est que, dans la plupart des écoles, les prières sont très-longues et mêlées de choses qui ne sont point des prières ; que ces prières, répétées plusieurs fois par jour, sont dites avec une vitesse indécente; qu'enfin, presque nulle part, et surtout dans les écoles de filles, on ne prie pour le roi. Il serait important, Monsieur le Ministre, de demander à l'autorité ecclésiastique de faire formuler quelques prières à la portée des enfants des diverses écoles, se terminant par une prière *en français* pour le roi, pour sa famille et pour les pouvoirs de l'État, et d'ordonner qu'elles fussent adoptées dans toutes les écoles de France.

Voilà, Monsieur le Ministre, ce que mes faibles lumières me suggèrent pour moraliser nos enfants. Passons à une tâche plus ingrate et non moins essentielle, à celle de rendre leurs parents moins vicieux et moins menaçants pour l'ordre public ; c'est ainsi que nous achèverons de résoudre le second problème si difficile que nous nous sommes proposé. Quelques heureux résultats dans une telle entreprise porteront votre nom plus loin et plus haut que toutes vos brillantes victoires. Mais, comme on l'a dit, le salut du pays demande le concours de tous les bons citoyens, et c'est à eux que je vais m'adresser en ce moment.

Concitoyens qui possédez quelque chose, vous êtes devenus tous, vous le savez, aux yeux des prolétaires, des paresseux qui les exploitez et qui vous engraissez de leurs sueurs. Il est temps, disent-ils, que cette injuste tyrannie prenne fin. Et, pour arriver à ce but, les sociétés secrètes, les émeutes, le pillage et l'assassinat, tout est bon. La force publique jusqu'ici a prévenu d'horribles catastrophes. Mais *prenez garde*, la moindre circonstance favorable peut donner la victoire à cette masse d'hommes égarés. Il n'y a pas un moment à perdre si vous voulez opposer une digue à ce torrent furieux. Que personne ne se croie à l'abri de ses ravages. Négociants, propriétaires, industriels, fonctionnaires, rentiers, pensionnaires de l'État, etc., *prenez garde*, vous êtes tous exposés aux mêmes désastres.

Tout le monde parle aujourd'hui de l'état de démoralisation complète de la France. Ah ! chers concitoyens, quand vous vous récriez sur l'immoralité générale, certes, vous avez raison ; mais chacun de vous ne fait-il pas tacitement une exception en sa faveur ? En cela vous avez tort : ce n'est pas le temps de se flatter, mais de se bien connaître. Vous reprochez aux classes inférieures de passer leur temps dans les tabagies, les cabarets, etc., en abandonnant leurs femmes et leurs enfants, qu'ils maltraitent, s'ils osent leur demander du pain. Et vous, honorez-vous, aimez-vous la vie de famille, et ne passez-vous pas plutôt vos loisirs loin de vos femmes et de vos enfants, dans des cercles, des cafés, des casinos, devenant chaque jour plus étrangers à ceux à qui vous devez tous vos soins et toute votre affection, et près de qui Dieu avait placé vos plus douces jouissances ? Ah ! croyez-moi, cet abandon de la vie de famille est une des causes les plus puissantes de la démoralisation que nous déplorons ! Donnez donc l'exemple au peuple ; retournez près d'une épouse délaissée et près de vos enfants, à qui vous devez de bons préceptes et de bons exemples. Les gens du peuple, dites-vous encore, ne lisent que de mauvais livres et de mauvais journaux. Et vous, que lisez-vous? Si toutes ces mauvaises productions n'avaient que les prolétaires pour les nourrir, elles mourraient bientôt. Mais, comme le peuple, vous cherchez les émotions, et vous aimez mieux lire des satires du gouvernement que des éloges. Repoussez donc les premiers toutes ces feuilles qui font de l'opposition systématique et tous ces livres qui n'offrent que des tableaux licencieux et des leçons de vice. Engagez vos amis à en faire autant, et, dans les cafés, les hôtels, etc., que vous fréquentez, menacez d'aller ailleurs si l'on continue à s'abonner à des feuilles anarchiques. Le peuple, dites-vous enfin, n'a plus de respect pour rien; il est toujours prêt à se lever contre l'ordre établi, et l'assassinat des princes n'est pour lui qu'un jeu. Mais vous, n'attaquez-vous pas imprudemment le pouvoir devant vos inférieurs, et n'êtes-vous pas toujours prêts à répéter des calomnies contre le roi? Rentrez en vous-mêmes, concitoyens, et donnez à l'avenir l'exemple de la modération et du respect pour l'autorité établie. Je ne prolongerai point ce parallèle, je vous en laisse le soin. Examinez-vous en conscience, et changez, si vous voulez que le peuple change.

Aux bons exemples que vous devez à ce peuple, unissez des conseils, des exhortations, des secours et des bons offices. Montrez-vous ses amis, et par là prouvez-lui qu'on le trompe quand on vous fait ses plus grands ennemis. Aidez le gouvernement dans son œuvre difficile, par un appui moral, consistant en respect et en approbation de ses actes dignes d'être approuvés, et répondez de tous vos moyens aux appels qu'il pourra vous faire pour l'aider à sauver la société. Que chacun de nous se fasse une loi de combattre, d'autant de manières qu'il le pourra, les erreurs dans lesquelles le peuple est plongé. Faisons-nous les missionnaires de la vérité autour de nous; n'ayons pas de rapports avec un homme du peuple, sans sonder son cœur et sans essayer d'en arracher le levain qui y fermente contre la société. Montrons au pauvre, au prolétaire, la fausseté et la méchanceté de ses prétendus amis et l'absurdité de leurs doctrines. Eh! mes pauvres amis, disons-leur, il faut que vous soyez aveugles comme vous l'êtes pour ne pas voir que messieurs du *National*, de l'*Almanach populaire*, du *Journal du Peuple*, etc., ne vous portent qu'un faux intérêt, et que vous êtes leur marchepied pour monter au pouvoir et à la richesse. Si l'on offrait à chacun de ces messieurs, si zélés pour votre bonheur, de bonnes places ou de bonnes pensions, leurs patriotiques accents et leurs conseils si désintéressés auraient bientôt cessé. Mais, comme aucun gouvernement ne peut donner cela, attendu que ceux d'aujourd'hui, une fois satisfaits, seraient demain remplacés par d'autres dans un rôle si lucratif, ils continuent à vous séduire et à se servir de vos mains calleuses *pour tirer les marrons du feu*. Pour vous rendre des instruments plus dociles, ils vous ont ôté toute croyance en Dieu. Si vous pouviez une fois penser par vous-mêmes, vous verriez bientôt qu'il faut cent fois plus de crédulité pour renier Dieu que pour y croire. Mais vous dites avec vos docteurs : Où est-il ce Dieu ? où est-elle cette âme ? Expliquez-nous les mystères de votre religion. Eh ! pauvres gens, voyez-vous le vent qui déracine le chêne ou le tremblement de terre qui renverse les villes ? Expliquez-vous comment une petite graine devient un grand arbre, et comment votre bras obéit à votre volonté ? Non, et pourtant il vous faut croire à tout cela. Eh quoi ! dans ces horribles drames, par lesquels d'autres amis du peuple achèvent de vous exploiter et de vous corrompre, ne vous souvenez-vous pas des émotions que vous avez éprouvées quelquefois au nom d'un Dieu vengeur, au récit d'une belle action, quand l'auteur vous la présentait *par hasard* ? C'était là la vérité qui parlait à votre conscience. Ah ! si elle se fait encore entendre, n'endurcissez pas vos cœurs ; écoutez-la. Le bonheur de l'homme est réglé par Dieu à certaines conditions ; si vous les repoussez, vous ne pouvez trouver à la fin que ruine et que misère. C'est dans les affections légitimes de père, d'époux, de fils, d'ami, de citoyen, etc. ; c'est à la satisfaction de la conscience, que Dieu a attaché la félicité. Vous ne pouvez donc la trouver dans le rassasiement des appétits grossiers de la chair. Ne voyez-vous pas même que vous n'êtes point physiquement constitués pour ces orgies et ces débauches auxquelles vous vous livrez ? Ne sentez-vous pas, le lendemain de vos excès, votre corps énervé, votre esprit pesant, votre tête douloureuse ? Oui, sans doute ; et si vous continuez, vous périrez misérablement avant l'âge. Que sont donc des plaisirs qui rendent malade et qu'on ne goûte pas sans une honte secrète; des plaisirs, même qui n'en sont pas pour quelques-uns, qui, par exemple, boivent à contre-cœur et s'enivrent par fanfaronnade? Oui, pour avoir l'approbation des anciens dans le vice, beaucoup d'entre vous se font d'abord violence, pour finir par se vautrer dans le ruisseau, plus vils que les brutes les plus immondes. Pauvres égarés, disons-leur, vos flatteurs vous disent que ceux qui ont quelque chose vivent dans l'oisiveté à vos dépens. Faites usage de vos yeux, et vous verrez, au contraire, que tout le monde travaille ou a travaillé, et que le premier dignitaire de l'État, contre lequel tant d'assassins ont été lancés, est certainement celui dont l'esprit travaille le plus péniblement. *Travailleurs égalitaires*, on vous promet un salaire plus fort pour moins de travail; on vous promet des pensions pour vos vieux jours; mais on ne vous dit pas comment se réaliseront de pareilles promesses. N'avez-vous pas honte de croire à de telles sottises! On vous appelle aussi au partage égal de tous les biens; mais l'on se garde bien de vous dire que cette égale distribution ne vous donnerait pas 20 sous à dépenser par jour. Enfin, pour vous pousser à la destruction de l'ordre établi, on vous offre l'attrait du pillage. Mais croyez-vous que les plus mal partagés dans ce sac de la société vous laisseront jouir de ce que vous aurez de plus qu'eux? Non, après avoir pillé, vous serez pillés, et l'ordre ne sera possible dans ce désordre qu'après l'établissement du partage égal dont nous venons de parler, et dont vous venez de voir le beau résultat. Il n'y a personne d'entre vous, chers amis, qui n'ait entendu quelque exemple de probité. Un pauvre, par exemple, trouvant un portefeuille plein de billets de banque et le rapportant à son propriétaire. Quel honnête homme! avez-vous dit avec attendrissement. Ah! si ce pauvre est un honnête homme, qu'êtes-vous donc, vous qui voulez ravir par l'assassinat le bien d'autrui? Ah! rentrez en vous-mêmes, souvenez-vous du temps où, jeunes encore, vous ignoriez toutes ces infamies où l'on vous a initiés et où vous trouviez de la joie à admirer, à être reconnaissants, à aimer Dieu, une famille et vos devoirs. Interrogez-vous, et dites si vous n'étiez pas plus heureux que vous l'êtes aujourd'hui, en proie à toutes vos fougueuses passions? Disons-leur..... Je m'arrête, n'ayant pas la prétention de vous dicter tout ce que vous avez à faire. Je finis en vous adjurant, au nom de Dieu et du salut de la France, de ne négliger aucune occasion de répandre ou de bons livres ou de bonnes paroles, et en vous suppliant de vous unir aux sociétés qui se forment pour la composition et la propagation de bons livres à bon marché, entreprise que la *Presse* préconise pour moraliser, tout en offrant, par une honteuse contradiction, dans ses feuilletons, les romans les plus immoraux du plus immoral de nos romanciers.

En terminant, je reviens à vous, Monsieur le Ministre, pour vous demander quelques lois qui puissent aider à diminuer les maux et les vices qui souillent et affligent notre pays.

1° Vous voyez avec satisfaction, sans doute, croître le produit des impôts indirects ; mais vous êtes trop éclairé pour ignorer que cette augmentation est due en partie aux progrès de l'ivrognerie. C'est à vous qu'il appartient de chercher, sans diminuer ce produit, à empêcher l'accroissement de cette infamie. Vous punissez tout homme qui trouble la tranquillité publique, punissez aussi tout homme dans l'ivresse qui, dans la rue, cause du désordre et se ravale au-dessous de la brute. Que le jury surtout ne reçoive plus l'ivresse pour circonstance atténuante, et que celui qui joint le vice au crime soit au contraire puni davantage que le seul criminel. Il y a des gens qui, connaissant l'indulgence des jurés pour l'état d'ivresse, ont soin de s'y placer avant de commettre un crime.

1° Pour diminuer le mal causé par les journaux anarchiques, ne peut-on porter une loi qui oblige tout teneur de café ou de lieu public, auquel il plaît de s'abonner à ces journaux, de s'abonner en même temps à l'un de ceux qui défendent l'ordre établi? Si vous ne pouvez empêcher d'exposer le poison à tout venant, forcez du moins d'exposer en même temps le contre-poison.

3° La vie de famille n'existe plus dans le peuple; le libertinage y fait des progrès rapides, et, par suite, croît le nombre des enfants illégitimes, et les bureaux de bienfaisance sont chargés de nourrir une foule de filles qui ont souvent plusieurs enfants. Par une loi, soulagez les bureaux de charité, et prenez en même temps pitié des filles que la mauvaise éducation laisse sans défense contre la séduction, et forcez le séducteur, quand il est connu et constaté, de prendre soin des fruits de sa mauvaise conduite, et de payer même une indemnité à la mère. Que les suites onéreuses du libertinage empêchent les hommes de s'y livrer, et que l'être le plus faible ne porte pas seul la peine d'une faute qui lui est commune avec le plus fort. Si la loi anglaise ne peut s'appliquer tout à fait chez nous, modifiez-la; mais au moins portez-en une qui répare une des injustices les plus criantes qui se puisse voir.

4° Je réclame de nouveau ici une loi réglementaire pour *l'aller au bois*, dont je vous ai signalé plus haut les abus, principalement dans les départements forestiers. Surtout, Monsieur le Ministre, que la prison remplace l'amende chez ceux qui ne peuvent payer. Elle seule est efficace, parce que la moitié des coupables est insolvable ou au moins déclarée telle par les autorités locales, qui se font, en général, un jeu des faux certificats.

Mais, en faisant de nouvelles lois, faites exécuter celles qui existent et qui sont chaque jour scandaleusement mises en oubli ou violées dans tant de localités. Faites exécuter surtout les lois et ordonnances relatives à la fermeture des cabarets; aux enchères publiques, dans lesquelles (dans quelques départements de l'est particulièrement) on enivre les gens pour faire monter le prix des ventes, et les lois contre la loterie et les jeux de hasard, violées, les jours de fête, dans tant de villes et de village, où les conseils municipaux enflent leur budget du produit des permissions qu'ils donnent pour ces jeux, déguisés sous les noms de jeux d'*honneur*, etc.

Oui, Monsieur le Ministre, voilà bien des choses à faire, bien des devoirs à remplir pour le gouvernement, s'il veut réellement l'amélioration (sinon la régénération) de ce pays. J'ai dit : *s'il veut réellement ;* je lui en demande pardon, mais je crois le doute permis. En effet, depuis quinze ans, d'horribles productions dramatiques démoralisent à l'envi le peuple de nos villes qui ont le malheur d'avoir un théâtre. Depuis quinze ans ces drames impurs et sanglants accoutument le peuple à la vue des crimes les plus odieux; ils lui rendent les vices les plus honteux, non-seulement indifférents, mais encore désirables. Ils lui otent tout respect pour les gouvernements, pour les lois divines et humaines, pour toutes les sommités sociales. Ils lui donnent la conviction qu'il n'y a de joie que dans la débauche et les orgies; de pouvoir légitime que la violence des masses, et qu'il suffit d'être prince ou roi pour être un monstre ou un imbécile. Depuis quinze ans enfin, la moitié des crimes, toujours croissants, qui ont été commis, sont dus à des ouvrages comme *Antoni, Don Juan de Marana, la Tour de Nesle, Lucrèce Borgia*, etc., etc.; et depuis 1831 qu'une loi vous donne le pouvoir d'empêcher ces représentations, vous permettez qu'elles corrompent chaque jour davantage cette population devant laquelle vous tremblez aujourd'hui! Que dis-je? non-seulement vous tolérez ces drames monstrueux, mais vous en récompensez les auteurs!... Oui, vous avez placé sur ces cœurs qui ont vomi tant de poisons dans le monde, l'étoile qui brillait sur ceux des Oberlin, des Cheverus, etc., d'où sortirent tant de discours, d'exemples vertueux!... Je vous entends me répondre que le talent mérite une récompense... Oui, le talent qui sert au bien moral de la société, mais non celui qui n'est employé qu'à la corrompre... et si ce dernier méritait quelque chose, ce serait une marque infamante, et non la décoration de l'honneur.

Un jour Andrieux, dont l'amitié fut un des plus grands charmes de ma vie, me disait dans ce style familier qu'il savait quelquefois rendre sublime : « Mon ami, je ne donnerais pas deux sous de toute la littérature du monde, si elle ne servait à rendre l'homme meilleur. » Ah! sans doute, la majorité de l'Académie française pensait comme son secrétaire perpétuel, si révéré et si aimé, quand, il y a deux ans, elle a repoussé un grand poëte, ce qui lui a valu tant de mépris des gens à courte vue; honneur à cette majorité! et deux fois honneur, si elle eût eu le courage de persévérer dans cette protestation contre la littérature souillée de notre temps!... Ah! ceux qui ont employé les talents qu'ils avaient reçus du ciel à la ruine de leurs semblables, et les ministres qui, ayant en main le pouvoir d'empêcher le mal, l'ont laissé faire, auront un jour un compte terrible à rendre!... Arrêtons-nous à cette solennelle pensée; qu'elle nous frappe au cœur d'un salutaire effroi, et qu'elle nous presse tous d'accomplir les devoirs que nous impose l'état critique de la société, vacillante sur ses vieux fondements. Oui, tous, « travaillons tandis qu'il fait jour, car la nuit vient où on ne peut plus rien faire! » C'est Dieu lui-même qui nous adresse à tous cette sérieuse exhortation, écoutons-la... O vous qui la mépriseriez, *prenez garde!*

www.ingramcontent.com/pod-product-compliance
Ingram Content Group UK Ltd.
Pitfield, Milton Keynes, MK11 3LW, UK
UKHW020513230726
13925UKWH00005B/2150